Imagier Larousse à coller

Les Engins
de la ville

Auteur : Agnès Besson
Illustrateur : Benjamin Bécue

LAROUSSE

Avant de construire, la pelleteuse démolit les vieux murs.

La terre, les pierres... le bulldozer déblaie tout sur son passage.

Pour préparer le terrain, le camion-benne évacue les gravats.

La tractopelle creuse les fondations de la nouvelle construction.

Dans la cuve du camion-toupie,
le béton frais tourne sans arrêt.

La chargeuse déplace la terre
dans son godet articulé.

On voit de loin la grue à tour qui soulève les parpaings.

La grue mobile monte des charges vers les étages.

L'appartement est prêt. Voici le camion de déménagement !

Au petit matin, le camion-poubelle
ramasse et broie les déchets.

La dépanneuse remorque la voiture en panne jusqu'au garage.

Le camion-citerne remplit d'essence les cuves de la station.

Au feu ! Avec le fourgon pompe tonne,
les pompiers projettent de l'eau.

À l'aide de la grande échelle, les pompiers font sortir les habitants.

La laveuse nettoie à grande eau
les rues de la ville.